Carole NATALIE

LA FABULEUX DESTIN DU 5ᵉ FILS DU PERE NOEL

BOD

© 2019 – Carole NATALIE

Édition : BoD – Books on Demand
12/14 rond-point des Champs-Élysées, 75008 Paris
Impression : BoD – Books on Demand, Norderstedt, Allemagne

Photo : https://pixabay.com/fr/vectors/santa-claus-no%C3%ABl-rennes-luge-31665/

ISBN : 978-2-3221-8878-9
Dépôt Légal : Novembre 2019

Loi n°49-956 du 16 juillet 1949 sur les publications destinées à la jeunesse, modifiée par la loi n°2011-525 du 17 mai 2011.

C'était un professeur, un simple professeur,
Qui pensait que savoir était un grand trésor,
Que tous les moins que rien n'avaient pour s'en sortir,
Que l'école et le droit qu'a chacun de s'instruire.

Il y mettait du temps, du talent et du cœur,
Ainsi passait sa vie au milieu de nos heures,
Et loin des beaux discours, des grandes théories,
A sa tâche chaque jour, on pouvait dire de lui,
Il changeait la vie !

Extrait de la chanson "Il changeait la vie"
De Jean-Jacques Goldman

La vocation, c'est avoir pour métier sa passion.

Bilan de fin d'année

On était quelques jours après Noël, à cet instant de la journée où la nuit commence à tomber. Le Père-Noël et ses cinq fils étaient réunis dans la grande salle, celle où ils se retrouvaient tout au long de l'année pour préparer ensemble la prochaine distribution de cadeaux. Conception de nouveaux jouets, attribution des postes de travail à la myriade de lutins, échelonnement de la fabrication, attribution d'un cadeau à chaque enfant, tout était minutieusement organisé en ce lieu, année après année.

Comme on pouvait s'y attendre, cette pièce était chaleureuse, accueillante, douillette. Les murs étaient tendus de tissus vert sapin, les meubles étaient en bois brut patiné, une cheminée trônait au bout de la pièce, il y avait plusieurs petites lampes qui diffusaient çà et là une douce lumière tamisée, et plein de bougies rouge foncé ou blanc ivoire avaient été disséminées pour renforcer l'aspect cosy.

Le Père-Noël et ses cinq fils s'étaient réunis pour la dernière fois de l'année, pour faire le point sur la dernière distribution de cadeaux, fruit du travail d'une année, de leur ardente préparation, et du labeur incessant des milliers de lutins qui mettaient tout leur cœur à la fabrication des cadeaux.

- Bien, commença le Père-Noël, Grégoire, veux-tu bien nous dire comment s'est passée la distribution la nuit dernière ?

- Oh très bien, répondit Grégoire, le fils aîné du Père-Noël, du ton légèrement suffisant qui était toujours le sien. Nous étions minutieusement préparés, donc, avec une bonne organisation, ça ne pouvait que bien se passer. Chaque cadeau a été livré dans la nuit sans retard, presque aucun enfant n'a été réveillé, et pour les quelques cas qui se sont produits nos lutins, formidablement entraînés et admirablement compétents, ont su gérer la situation pour qu'il n'y ait aucune conséquence fâcheuse. Tout au plus, si quelques enfants disent avoir vu le Père-

Noël ou un lutin, leurs parents penseront qu'ils ont rêvé, comme il est bien normal. Aussi, pour finir, je peux dire que oui, tout s'est très bien passé.

- Formidable ! commenta le Père-Noël d'un air enthousiaste, quel bonheur de pouvoir compter sur un gestionnaire comme toi ! Éole, poursuivit-il en se tournant vers son 3e fils, a-t-on constaté une quelconque défaillance du côté des rennes ou des traîneaux ?

- Allons, Père, qu'allez-vous imaginer là ? s'étonna Éole, j'ai veillé moi-même, durant toute l'année, à l'alimentation des rennes et à leur entrainement, avec ou sans luge derrière eux. Quant aux traîneaux, j'ai procédé à leur révision tous les mois, j'ai bien graissé les axes des attelages, vérifié et lubrifié les bandages des patins et changé les plaquettes de frein juste avant la grande distribution, comme tous les ans. Enfin, vous n'aurez pas oublié que c'est moi qui ai pensé à ajouter une petite cabine devant le coffre du traîneau, de manière à ce que le Père-Noël ou le lutin qui conduit n'ait plus froid quand il fait sa tournée…

- Une cabine pour enfermer le Père-Noël ! se désola Adelphe, le 2e fils du Père-Noël. Quel dommage ! Je trouvais tellement charmant de le voir défiler dans le ciel, à la suite de ses rennes, et précédent les cadeaux !

- Mon pauvre Adelphe, tu rêves ! s'étonna Éole. Tous les enfants sont au lit, quand le Père-Noël fait sa distribution ! Dans ces conditions, qui cela peut-il bien intéresser de voir passer le Père-Noël ?

- Moi…, répondit Adelphe du même ton rêveur, c'est si beau !

- Ah ! intervint le Père-Noël en posant une main chaleureuse sur celle d'Adelphe, je comprends ta passion des belles choses, Adelphe, ta passion de la tradition, des beaux souvenirs… Mais, je dois quand même reconnaître que j'ai bien apprécié d'être à l'abri, ajouta-t-il en faisant un clin d'œil à l'adresse d'Éole.

- Une question, intervint Grégoire en levant la main, une fois éprouvés par une nuit de service à vive allure, les traîneaux ont-ils bien conservé leur couleur rouge et verte ?

A cette question, toutes les têtes se tournèrent vers Antoine, le petit dernier, qui, surpris par la question, afficha aussitôt un air à la fois innocent et canaille, en pinçant les lèvres tandis que ses yeux affichaient toute la malice du monde. Ce fut Éole qui répondit.

- Euh... oui, oui, dit-il d'un air hésitant. Je n'ai pas particulièrement vérifié le rendu à haute altitude avec vue depuis la terre mais, oui, il me semble que la peinture ait bien résisté à l'épreuve du froid et de la vitesse...

- Sauf que je ne comprends toujours pas pourquoi vous avez jugé tellement nécessaire de repeindre ces traîneaux alors que je venais juste de le faire ! s'étonna Antoine d'un air hypocrite.

- La tradition ! s'exclama Sylvestre, le 4e fils du Père-Noël, en se tournant vers son frère. C'est à cause de la tradition, Antoine ! Le traîneau du Père-Noël a toujours été rouge et vert !

- Mais justement ! répondit ce dernier, c'est bien en vert, que je les avais peints !

- En *vert-pomme-pas-mûre* ! se désola Sylvestre. Ça n'est pas une des couleurs traditionnelles du Père-Noël ! Les couleurs du Père-Noël sont vert et rouge foncé, comme le houx, pas vert comme une pomme pas mûre ! On te l'a expliqué cent fois !

- Parce que tu appelles ça "*vert-pomme-pas-mûre*" ? s'étonna Grégoire. Moi j'aurais plutôt dit que c'était *jaune-fluo*...

- Ah ? s'étonna à son tour le Père-Noël, moi j'aurais appelé ça... euh... en fait je ne sais pas comment cette couleur s'appelle...

- Rhô ! railla Antoine de bon cœur, en répondant à Sylvestre. La tradition ! La tradition ! On ne peut pas changer, un peu, que ça mette du fun, du peps ! Pourquoi la tradition devrait-elle être monotone ?

- Ah, intervint à nouveau le Père-Noël, je te comprends, Antoine, je comprends ton enthousiasme ! Tu as toujours plein d'idées de nouveauté, des élans passionnés pour agrémenter la vie de tes semblables ! Et c'est vrai que des traîneaux en vert-pomme-fluo-pas-mûre, c'était pour le moins original. Mais rappelle-toi, Grégoire et Adelphe ont effectué toute une étude marketing, il y a quelques années, en collectionnant les dessins que les enfants nous avaient posés au pied du sapin. Te souviens-tu que sur la plupart d'entre eux, le traîneau était bien dessiné en rouge et vert ? Quelques-uns l'avaient bien fait en arc-en-ciel ou avec des étoiles lumineuses, mais pour la plupart des enfants, le traîneau du Père-Noël est rouge et vert ! Et tu seras d'accord avec moi pour dire que nous ne voulons pas décevoir les enfants ?!

- Oui, oui, Papa, répondit Antoine d'un ton apaisant, bien sûr que je ne veux pas décevoir les enfants. Mais en même temps, si nous les formatons en ne leur montrant, année après année, que l'exemple d'un traîneau rouge et vert, alors forcément, ils pensent que le traîneau ne peut être que rouge et vert ! Comment pourraient-ils apprendre qu'un traîneau peut tout aussi bien être rose, bleu ou jaune ?

- Tiens, tiens, railla Grégoire, parce qu'à présent, tu es compétent en psychologie enfantine, toi ?

- Peut-être bien, répondit Antoine d'un ton mystérieux.

- Est-ce qu'on pourrait revenir aux sujets qui étaient prévus pour la réunion ? se plaignit Sylvestre.

- Oui, oui, bien sûr, reprit le Père-Noël en consultant ses notes, tu as raison Sylvestre. Adelphe, quelles ont été les réactions des enfants face à l'emballage de leur cadeau au matin de Noël ? Ont-ils aimé les nouveaux motifs de sapin et de lutins ? Et le papier bleu-nuit métallisé, réhaussé d'étoiles phosphorescente ? Et les rubans ?

- Hum... je dirais, au risque de vous décevoir, Père, que les enfants ont réagi comme d'habitude, répondit Adelphe, philosophe. Il y a ceux qui arrachent tout sans prendre le temps d'admirer le motif, ceux qui tombent en pamoison au point d'en oublier le cadeau, ceux qui prennent le temps d'admirer avant de déballer précautionneusement, ceux qui réfléchissent à tout un stratagème pour sortir le cadeau sans avoir à défaire l'emballage, ceux qui passent des heures à défaire soigneusement le papier pour ne pas l'abîmer...

- Bon, quoiqu'il en soit, on peut dire qu'ils ont été satisfaits ?

- Oui, bien sûr, on peut dire qu'ils ont été satisfaits. Je préciserai même que, si l'on regarde les statistiques, le nombre d'enfants qui a conservé son papier cadeau a augmenté par rapport à l'année dernière, tandis que le nombre d'enfant qui l'a déchiré a diminué.

- Alors je suis bien content ! s'exclama le Père-Noël, tout réjoui. Il faut dire qu'avec ce papier à étoiles phosphorescentes, tu t'es surpassé !

- Je vous remercie, Père, répondit Adelphe avec un discret sourire de satisfaction.

- Sylvestre, reprit le Père-Noël en se tournant vers son 4e fils, où en est-on avec les stocks de matières premières ?

- Les stocks de plastique sont presque vides, répondit Sylvestre, ainsi que les stocks de papier et de carton. J'ai déjà effectué plusieurs commandes.

- Très bien, et pour le reste ?

- Ce sont les seuls stocks qui nécessitent réellement d'être reconstitués, pour les autres j'ai toujours pu me réapprovisionner en cours d'année, il n'y a donc pas d'urgence.

- Très bien, très bien ! commenta le Père-Noël, satisfait, avant de se tourner vers son 5e fils. Antoine, comment vont nos lutins après une si longue nuit de travail ?

- Aussi bien que possible. Bien sûr, ils sont fatigués, comme nous tous, mais nous n'avons pas à déplorer de gros soucis. Il y a juste Avel qui s'est foulé une cheville en courant après le traîneau, Célio qui a une bosse sur le front parce qu'il s'est cogné dans une cheminée, Imanol a attrapé un rhume, et Azélie a une indigestion parce qu'elle grignoté un chocolat dans toutes les maisons où elle est passée.

- Donc, rien de grave ? souligna le Père-Noël.

- Non, rien de grave, confirma Antoine. Le reste du personnel est simplement fatigué, mais nos vacances annuelles devraient y remédier.

- Aaaahhhh ! Les vacances !! proclama Sylvestre en s'étirant et en baillant, content que la réunion soit terminée.

- Ah, comme tous les ans, nous les attendons avec impatience, n'est-ce pas mes garçons ? confirma le Père-Noël en regardant ses fils avec tendresse, ainsi qu'avec un air de complicité.

D'autant plus que votre maman et sa myriade de lutines nous a concocté un réveillon dont vous me direz des nouvelles ! C'est que nous avons travaillé dur, et nous pouvons être fier du résultat ! Je suis content de chacun d'entre vous, comme chaque année. Travailler avec vous est un vrai plaisir, un bonheur ! Et travailler ensemble pour le bonheur des autres, il n'y a rien de plus beau !

Le Père-Noël consulta ses notes une dernière fois avant de conclure :

- Notre bilan est terminé. Je propose que nous nous réunissions dès nos vacances terminées, dans trois semaines, pour entamer la planification de l'année à venir...

- Un instant !

Tous furent étonnés en entendant la voix d'Antoine. Ils avaient vraiment pensé que la réunion était terminée. Toutes les têtes se tournèrent vers le petit dernier, qui avait levé la main.

- Oui Antoine, lui demanda gentiment le Père-Noël, qu'y a-t-il ?

- J'ai une annonce à vous faire, et je pense que c'est le meilleur moment. Euh... alors euh... comment vous dire, euh... alors voilà... en fait euh... en fait, il ne faudra pas que vous comptiez sur moi pour l'année prochaine...

Ce fut un concert d'exclamations tandis que les visages exprimèrent toutes les émotions possibles.

- Oh !

- Mais comment ça ?

- Qu'est-ce que tu dis ?

- Mais ça n'est pas possible, tu ne peux pas !

Le Père-Noël, en particulier, se montra très affligé.

- Comment ça, Antoine, tu n'es pas heureux avec nous ? Ton travail ne te plaît pas ?

- Oh si, si ! Beaucoup ! Je suis très heureux avec vous tous ! Mais comment dire... Comme tu le disais tout à l'heure, Papa, je suis un enthousiaste, un passionné ! Et aujourd'hui, j'ai envie de donner un nouvel élan à ma carrière !

- Un nouvel élan à ta carrière ? demanda le Père-Noël surpris, mais comment ça ?
Alors, d'un air profondément réjouit, Antoine déclara :
- Je veux devenir instituteur !
Et ce ne fut que d'une seule voix que son père et ses frères répétèrent :
- INSTITUTEUR ???!!!

Devenir instituteur

- Oui ! répondit Antoine, Instituteur !
- Mais Antoine, répondit le Père-Noël interloqué, il n'y a pas d'instituteur chez nous, au Pays des lutins, il n'y en a que chez les humains !
- C'est tout à fait ça ! répondit Antoine avec un air de plus en plus réjouit, vous m'avez très bien compris ! Je vais allez vivre parmi les humains !
- Aller vivre chez les humains ? s'écria Sylvestre.
- Mais alors tu… tu veux nous quitter ? lui demanda le Père-Noël d'une voix encore plus bouleversée que la fois précédente.
- Ne soyez pas triste, Père ! Je reviendrai vous voir souvent ! En traîneau, c'est rapide…
- Allons Antoine, répondit Grégoire sur le ton de la désapprobation, tu sais bien que tu ne peux pas vivre parmi les humains, qui plus est avec un traîneau ! Tu ne passerais vraiment pas inaperçu !
- C'est pour ça que je compte sur Éole pour me le déguiser en voiture, ce traîneau.
- Ah ouais ? demanda Éole, soudainement interpellé, tu veux que je te transforme l'un des traîneaux en voiture ?... Ah ouais ! Voilà un projet qui me plaît !

Et Éole, posant son menton dans sa main, leva les yeux au plafond d'un air rêveur, parti très loin dans ses réflexions.

- Mais, reprit le Père-Noël qui avait toujours l'air aussi affligé, Antoine je croyais que tu te plaisais bien, parmi nous, je croyais que tu aimais ton métier…
- Bien sûr, Père, que je suis bien parmi vous et que mon métier me plait. Mais comme je vous le disais, j'ai besoin de donner un nouvel élan à ma carrière. Depuis cent-cinquante-trois ans que je le fais, ce métier, je le connais par cœur, j'en connais tous les rouages ! Grégoire m'a transmis le sens de l'organisation, Adelphe m'a montré comment rêver, créer du beau,

Éole m'a appris à conduire et à prendre soin des animaux, Sylvestre m'a transmis le goût de la perfection, et toi, Papa, tu m'as révélé le bonheur que c'est de rendre les gens heureux, d'allumer des étoiles dans leurs yeux ! Et maintenant, je ne veux plus me contenter de faire cela une fois par an, JE VEUX LE FAIRE TOUS LES JOURS !

Et en disant cela, Antoine avait l'air vraiment enthousiaste, heureux.

- Tous les jours ?! s'écria Adelphe. Enfin, Antoine, tu n'es pas sérieux ! Comment veux-tu offrir un cadeau à chaque enfant de la terre tous les jours ?! Tu sais bien que ça n'est pas possible !

- Adelphe, je n'ai pas dit que je voulais remplacer le Père-Noël, lui répondit Antoine d'un air canaille, j'ai dit que je voulais devenir instituteur !

- Mais, s'interrogea Sylvestre d'un air sceptique, je croyais que les enseignants distribuaient des cahiers, des crayons, des dictées, des bons points et des claques ? Pas des cadeaux ?!

- Oh là ! s'exclama Antoine d'un air sidéré, à quand remonte ton dernier cours de mentalité humaine, et la dernière fois où tu as observé leur comportement par satellite ? Il y a au moins cinquante ans que ce genre d'attitude ne se voit plus dans les écoles, et au moins trente ans que les enseignants sont même plutôt sympathiques et dévoués !

- Mais, reprit le Père-Noël, qui n'avait plus l'air triste, mais profondément intrigué, j'avoue que comme tes frères, je ne te suis pas très bien... Tu nous parles de donner un nouvel élan à ta carrière, mais quel rapport entre un livreur de cadeaux et un enseignant ?

- Aahh ! s'exclama Antoine d'un air très satisfait, enfin LA question que j'attendais ! Quel est le rapport entre un Père-Noël et un enseignant ? Eh bien, c'est tout simple ! Pour moi, être instituteur, c'est donner à l'enfant le goût d'apprendre, de s'intéresser à tout, d'être curieux, et face à l'enfant qui est déjà curieux, c'est lui permettre de satisfaire sa curiosité plutôt que de la brimer sous le prétexte qu'il y a d'autres choses plus sérieuses à apprendre. C'est aussi offrir à l'enfant un regard positif sur lui-même, en ne le critiquant pas quand il commet une faute mais en lui expliquant que l'erreur fait partie de l'apprentissage, qu'il est tout à fait capable de trouver cette erreur et de la corriger. Enfin…

Antoine fit une pause dans son explication. Son Père et ses frères l'écoutaient avec attention, leurs têtes tournées vers lui. Il reprit avec encore plus d'enthousiasme que précédemment :

- Enfin la plus belle chose, la plus merveilleuse que l'on puisse offrir à un enfant, c'est de lui donner DE SE DÉCOUVRIR LUI-MEME ! Découvrir ses dons, ses talents, ses capacités, ses particularités, son originalité… Découvrir ce qui le rend unique !... Et ça, je trouve ça encore plus beau qu'un cadeau de Noël ! Lui donner de pouvoir se regarder dans la glace le matin, et de se dire "Je suis exceptionnel ! Il n'existe personne d'autre comme moi sur la terre ! Je suis unique !"

Et quand il disait cela, les yeux d'Antoine brillaient, ses joues se coloraient, sa poitrine se gonflait, et son sourire s'élargissait jusqu'à ses oreilles.

Tous approuvaient de la tête, un sourire aux lèvres. Le Père-Noël, fut le premier à prendre la parole, d'un air méditatif :

- C'est beau ce que tu dis Antoine…
- Oui, c'est vrai…, approuva Grégoire d'un air songeur.
- Ah dis-donc, avec un maître comme toi, j'aimerais bien retourner à l'école, renchérit Éole.
- Tu n'y a jamais été ! s'étonna Sylvestre, c'est maman Noëlle qui t'a appris à lire !
- Ah oui c'est vrai…
- Se découvrir soi-même… répéta pensivement Sylvestre, c'est vraiment un beau projet !
- Est-ce qu'il ne serait pas plus simple de leur offrir un miroir ? demanda Éole.
- Antoine parle de se découvrir intérieurement, Éole, lui répondit Grégoire en réprimant à peine un sourire, pas de découvrir sa physionomie…
- Ah, je me disais aussi…

Ce fut au tour d'Adelphe de prendre la parole avec conviction :

- Moi ça me parle, ce que tu dis là, Antoine ! Oui, vraiment ! Ce nouveau métier que tu veux faire, c'est exactement la même chose que ce que nous faisons à chaque Noël, mais à plus petite dose, et tous les jours… C'est… Je comprends ton enthousiasme ! Oui, vraiment c'est exaltant !

- Tout à fait, approuva le Père-Noël qui avait retrouvé son sourire, c'est exactement ce que cela m'inspire. Un peu comme nous qui, tous les ans, offrons des cadeaux aux enfants pour leur montrer que nous les aimons, qu'ils sont précieux, qu'ils ont de la valeur, toi tu veux faire la même chose, mais en plus simple et tous les jours…

Le visage d'Antoine s'était éclairé d'un sourire radieux.

- Vous m'avez tous très bien compris !

Et chacun approuvait de la tête, un sourire aux lèvres. Après un moment de silence, ce fut Sylvestre qui reprit la parole.

- Mais comment comptes-tu t'y prendre ? Tu n'as jamais habité parmi les humains, ça risque d'être difficile !

- Mais non ! J'ai tout prévu !

Antoine sauta sur ses pieds et s'élança vers les commandes électriques apposées sur le mur. En quelques bonds, il eut tôt fait d'allumer le projecteur, de descendre l'écran blanc et de charger plusieurs présentations vidéo. Une carte du globe terrestre apparut, s'agrandit pour mettre la France en évidence, puis s'agrandit encore pour afficher une région du côté des Alpes et du Jura.

- J'ai choisi cette région-là, expliqua Antoine en pointant l'endroit avec un laser rouge, parce que c'est un lieu où il y a beaucoup de neige en hiver, comme chez nous, puis un temps magnifique en été. Enfin je vais vivre en été ! Comme je vais m'y installer en plein hiver, je ne serai pas dépaysé, et j'aurai le temps de m'acclimater.

- Mais Antoine, objecta Grégoire, pour vivre parmi les humains il te faut disposer de leur monnaie d'échange. Or, ici, nous n'avons pas le moindre euro !

- Ah ah ! Et c'est là où tu te trompes ! s'exclama Antoine triomphalement. J'ai déjà ouvert un compte bancaire où m'attendent, pour le moment, dix-huit mille deux-cent-soixante euros et vingt-cinq centimes !

Ils en écarquillèrent tous les yeux d'étonnement.

- Quoi ?! s'exclama Éole, tu as cambriolé une banque ?

- Mais non, Éole, qu'est-ce que tu imagines ? Ma solution était bien plus simple : quand nos myriades de lutins sont parties distribuer les cadeaux, je leur ai demandé de bien regarder partout dans les rues, avant de remonter dans leur traîneau, pour récupérer la moindre pièce qui traînerait. Alors vous pensez bien, du sud de l'Italie jusqu'au nord de la Suède, de l'ouest du Portugal jusqu'à l'est de la Bulgarie, il y avait de quoi faire. Et je pense les renvoyer encore une ou deux fois, histoire d'être large...

- C'est bien pensé, commenta Grégoire, récupérer de l'argent perdu, ça ne vole personne... Mais ceci dit, il ne te faut pas seulement de l'argent, il te faut aussi des diplômes, des papiers d'identité...

- Oh, vu les merveilleux papiers cadeaux que nous invente Adelphe, répliqua Antoine avec son air canaille habituel, je ne doute pas qu'il saura me fabriquer des diplômes et des papiers tout à fait convaincants...

- Quoi ?!! s'exclama Adelphe, sidéré, tu veux faire de moi un faussaire ?!!

- Meuh non, Adelphe, je veux juste que tu me fasses un papier qui ait l'air officiel et qui atteste de mes compétences pour m'occuper des lutins. Il suffira que tu remplaces le mot "lutin" par le mot "enfant".

- OK, reprit Grégoire, mais auras-tu les compétences pour enseigner les enfants, tu n'as seulement jamais vécu en France !

- Mais aucun problème ! Pour le français, comme pour l'histoire, aucune surprise, comme chacun d'entre vous, depuis le temps que je dévore les livres pour enfants avant de les emballer, je maîtrise parfaitement la langue et l'histoire du pays. D'ailleurs, c'est bien pour ça que j'ai choisi la France ! Pour les maths et la géométrie, à force de compter et d'emballer des cadeaux, je vous assure que je domine ! Ensuite, comme ça fait plusieurs Noëls que je suis dans l'équipe de livraison pour l'Europe, je connais maintenant très bien la géographie française.

- Mais s'il te faut enseigner une autre matière que tu maîtrises moins ? L'anglais, l'espagnol, la musique ?...

- Facile ! Pour l'anglais, je dirai tout simplement que je ne suis pas doué, et je délèguerai ma classe à une collègue pendant que je prendrai la sienne en charge pour l'histoire-géo. Vu la réputation mondiale des français pour les langues, ça passera très bien…

Grégoire, comme ses frères, ne trouva plus rien à dire. Le Père-Noël avait écouté attentivement, un sourire aux lèvres.

- Je vois que tu as tout prévu, Antoine, ça fait déjà un bon moment que tu y penses, n'est-ce pas ?

- Oui, effectivement, répondit Antoine, une lueur rêveuse dans les yeux.

Ils restèrent tous un moment silencieux à regarder Antoine, ne sachant trop ce qu'il fallait dire. Ce fut le Père-Noël qui eut le dernier mot.

- Bien. Je propose que nous terminions cette séance. Je demande à chacun d'entre vous de réfléchir au souhait d'Antoine de poursuivre sa carrière ailleurs, ainsi qu'au moyen de le remplacer dans les équipes et comment nous pourrions nous réattribuer ses fonctions. Nous nous retrouvons tous… euh…

Il se tourna vers son petit dernier :

- Quand souhaites-tu partir ?

- Dans une quarantaine de jours. Il y a une jeune enseignante qui doit partir en congé maternité pendant les vacances de février, ça sera le moment idéal !

- Bien ! Donc, nous nous retrouvons tous dans un mois pour décider de notre nouvelle organisation. Et maintenant, à table, votre maman nous attend !

Le grand départ

Toute la famille était réunie devant le chalet familial pour assister au départ d'Antoine. Éole avait fait des merveilles en transformant habilement l'un des traîneaux du Père-Noël pour qu'il ressemble à un monospace, véhicule très utilisé chez les humains, et particulièrement en France.

L'arrière du véhicule était plein d'affaires. Il y avait une table, des chaises, un buffet et un lit, réalisés par les lutins avec du bois de pin qu'ils avaient eux-mêmes coupé dans la forêt. Ainsi, avait dit Antoine, il se sentirait comme à la maison, avec cette bonne odeur de bois.

Il y avait aussi, dans le traîneau-voiture, un grand panier rempli de pain d'épice, de biscuits, de bûche au chocolat et d'une énorme tourte aux marrons et aux champignons des bois, tout cela cuisiné avec amour par la Mère-Noëlle. Elle avait également confectionné plusieurs vêtements, qui étaient maintenant rangés dans un grand sac de sport. En effet, tout le monde avait estimé que la tenue traditionnelle du Pays des lutins, justaucorps rouge, legging rayé et bonnet à clochette, ne permettrait pas à Antoine de s'intégrer rapidement. Enfin, il emportait avec lui plusieurs cartons remplis de livres.

Antoine avait passé tout son temps à préparer son départ. Grâce à Internet il avait ouvert un compte bancaire, trouvé un appartement, commandé un frigo, un four et une télé. Il avait également envoyé sa candidature pour le poste qu'il avait repéré, et avait été accepté rapidement. La dame qu'il avait eu au téléphone s'était étonnée de ce qu'il demande à aller dans un village aussi paumé. D'habitude, non seulement les enseignants ne voulaient pas aller à cet endroit, mais ils avaient même beaucoup de mal à en trouver un qui accepte d'y être muté. Il avait répondu qu'en matière de village paumé, il était habitué...

Il avait dû aussi, avec l'aide d'Adelphe, trouver un nom de famille. En effet, au Pays des lutins tout le monde se connaît, et il n'y a donc pas besoin d'avoir un nom de famille comme en France, un simple prénom suffit. Ils avaient passé de longues heures à discuter, à débattre et à réfléchir. Adelphe, qui avait pris son rôle de secrétaire très au sérieux, avait établi toute une liste de nom susceptibles de convenir à son frère, avec en face leur signification. Il avait expliqué :

- Ton prénom, Antoine, signifie "*sympathique et enthousiaste*". Je trouve que ça te va très bien !

- Je te remercie ! avait répliqué Antoine joyeusement.

- Maintenant, il te faut un nom de famille qui soit original, ou qui aille bien avec ton prénom, et aussi avec ton caractère. J'en ai plusieurs à te proposer. Que dirais-tu de "France", puisque tu vas en France, il parait que ça veut dire "h*omme libre*".

- Antoine France ? ça fait bizarre...

- Oui, maintenant que tu le dis, c'est vrai que ça fait bizarre. OK, je raye le nom "France". Que penses-tu alors de "Lutin" ?

- Antoine Lutin ? Je vais passer pour un guignol !

- Ah ouais, t'a raison, j'avais pas pensé à ça, les enfants ne te prendront pas au sérieux. Alors je raye aussi le nom "Lutin". Que dirais-tu alors de "Noël", comme nom de famille ? Il paraît que ça vient du mot "n*aissance*". Or, c'est un peu comme une nouvelle naissance, pour toi.

- Antoine Noël ? Mmmhhh... ça sonne bien... mais d'un autre côté, ça fait très couleur locale...

- Oui, c'est clair que ça n'est pas très original, dans notre cas, mais au moins tu te sentiras comme chez toi avec ce nom-là. Bon, on met de côté pour le moment. Que dirais-tu alors de "Raphaël" ?

- Raphaël ? Pourquoi "Raphaël" ?

- Ça veut dire "*Dieu qui guérit*", c'est sympa non ?

- Mais Adelphe, je ne suis pas un dieu, et je ne veux pas devenir médecin !

- Non, mais si j'ai bien compris ce que tu nous as dit l'autre jour, un enseignant c'est quelqu'un qui guérit les enfants de la morosité du quotidien, de l'ennui d'aller à l'école, de la mauvaise estime de soi et du découragement, non ? C'est pas ça que tu nous as dit ?

Les yeux d'Antoine s'écarquillèrent.

- Ah ouais, je n'avais pas vu ça comme ça, mais maintenant que tu le dis, ça me plaît bien.

- Bon, alors on met de côté pour y réfléchir plus tard... Je voulais aussi te proposer Santa-Claus, ou Santa, ou Claus tout court. "Claus", ça veut dire "*celui qui domine les flots*".

- Antoine Santa-Claus ? Mmmhhh... Non, là aussi, ça fait bizarre.

- OK. Alors, il ne nous reste plus qu'à nous décider entre Antoine Noël, ou Antoine Raphaël. J'avoue qu'entre les deux, j'hésite... Qu'en penses-tu ?

Ils y avaient longtemps réfléchi, puis Antoine avait choisi de s'appeler "Noël".

- Tu comprends, avait-il expliqué à Adelphe, pour le fils du Père-Noël, il vaut mieux s'appeler Noël, tu ne crois pas ?

Adelphe en avait convenu, et avait établi tous les papiers à ce nom-là.

A présent, ils étaient tous réunis devant le chalet pour dire au revoir à Antoine avant qu'il ne parte, et tandis qu'il embrassait affectueusement ses parents, ses frères discutaient entre eux, dubitatifs devant la couleur de la voiture.

- Pourquoi a-t-il repris cette couleur *jaune-fluo* ? ronchonnait Grégoire.

- Je dirais plutôt que c'est *vert-fluo*, non ? répliqua Adelphe.

- Moi, j'appelle ça *vert-pomme-pas-mûre*, rappela Sylvestre.

- J'avoue que j'ignore quelle couleur c'est, avoua Éole, bien qu'ayant participé aux travaux de peinture, j'ai supposé qu'il voulait donner à son traîneau un aspect ovni ou encore sabre laser, pour plaire aux gosses...

Et les quatre frères restaient dubitatifs devant la couleur de ce traîneau-voiture. Mais Antoine, qui avait fini d'embrasser ses parents et qui avait entendu leurs remarques, s'était tourné vers eux et les regardait d'un air narquois.

- Alors ? Elle ne vous plaît pas ma voiture couleur "*Lemon-lime*" ?

- "*Lemon-lime*" ! s'écria Adelphe. Mais oui, c'est ça, "*Lemon-lime*", j'aurais dû reconnaître !
- "*Lemon-lime*" ? s'étonna Grégoire. Ça existe ça ?
- "Les moonlights" ? s'étonna pareillement Sylvestre. Parce que vous trouvez que ça évoque un clair de lune, cette couleur ? Alors elle est très malade ou c'est le soir d'Halloween…
- "Les-mômes-l'aiment" ? s'étonna Éole. Parce que tu penses que tes élèves vont aimer cette couleur ?
- Mais non ! s'écria Antoine, hilare. J'ai dit "*Lemon-lime*" ! En anglais ça veut dire : "*Citron-citron vert*" !
- Aaaaaaahhhhhhhh ! répondirent ceux qui n'avaient pas encore compris.

Le Père-Noël consulta sa montre internationale.

- Antoine, je ne voudrais pas te presser, mais j'ai cru comprendre que tu voudrais te mettre au rythme de la France dès ce soir. Or, si tu peux voyager en hyper-espace jusqu'à la forêt du Jura, parce qu'elle est isolée et discrète, à partir de là il te faudra descendre la montagne à une vitesse normale pour les autochtones. Et si j'ai bien calculé, ça te prendra une heure. Si tu veux avoir le temps d'aller récupérer les clés de ton nouvel appartement avant que l'agence immobilière soit fermée, il te faut partir maintenant.

Ils terminèrent les embrassades et Antoine grimpa dans sa voiture-traîneau. Il baissa la vitre pour leur faire signe une dernière fois avec la main, puis enclencha le pilotage automatique en mode hyper-vitesse. Sa voiture ne fut bientôt plus qu'un point lumineux dans le ciel, qui aurait pu facilement être confondu avec une étoile.

Et après ?

Antoine arriva comme prévu sur les hauteurs du Jura. C'était l'endroit idéal pour se poser discrètement en hyper-vitesse, sans se faire repérer. Au moment où il se posa, il fut toutefois surpris de voir exploser une drôle de petite boîte grise équipée d'une vitre qui était située à côté de la route. Elle avait émis un grand flash à son arrivée et un petit compteur situé en dessous avait commencé à s'affoler en faisant défiler des chiffres de plus en plus vite. Elle s'était mise à siffler et à émettre de la fumée, jusqu'à afficher la vitesse faramineuse de trois-cent-cinquante-mille kilomètres à l'heure. L'étrange appareil avait fini par exploser. Antoine était resté sceptique un moment, se demandant si par hasard le mode hyper-espace ne serait pas défectueux en émettant des ondes négatives. Il l'avait alors désactivé avant de prendre la route comme n'importe quel véhicule terrestre.

Durand le trajet, il constata avec soulagement que personne ne lui accordait d'attention particulière, ni ne semblait interloqué en le voyant. Cela lui confirma que son équipement était bien adapté au style de ce monde et de ce pays. Ouf.

Il arriva sans encombre devant l'agence immobilière pour récupérer les clefs de son tout nouvel et tout premier appartement. Il avait hâte de s'y installer. En le voyant entrer, l'agent lui adressa un sourire et lui serra cordialement la main.

- Bonsoir Monsieur Noël, je vous attendais ! Vous avez fait bonne route ?
- Oui, oui, répondit Antoine en pensant au drôle d'appareil explosé au bord de la route, pas de problème.
- Vous arrivez de loin ?
- Assez, oui, je viens d'un peu plus au nord en passant par le Jura.

- Ah ! C'est vrai que si vous venez du nord du Jura ça fait une trotte ! Mais je suis sûr que vous êtes impatient de découvrir votre nouvel appartement, non ? dit-il en attrapant un trousseau de clés qui était sur son bureau.

- Oui, assez ! répondit Antoine sur un ton enthousiaste.

- Alors allons-y ! je monte avec vous ?

- Euh… ma voiture est assez pleine, je pense que vous allez devoir prendre la vôtre.

- Effectivement ! répondit l'agent en sortant sur le trottoir et en avisant la voiture d'Antoine. Alors je prends ma voiture et vous me suivez.

Antoine suivit l'agent immobilier à travers plusieurs rues, ravi de découvrir son nouveau lieu de résidence, et ils arrivèrent rapidement devant un petit immeuble discret, caché au fond d'une impasse, abrité de plusieurs pins.

- Ça n'est pas souvent que je vois quelqu'un choisir un appartement en ligne, sans le visiter d'abord, dit l'agent en descendant de sa voiture. Vous m'aviez l'air bien sûr de vous.

- Eh oui, répondit Antoine en admirant les grands pins situés derrière l'immeuble, dont la cime dépassait le toit du bâtiment, quand j'ai vu ces grands sapins, je me suis dit que j'allais me sentir comme chez moi. Vous m'aidez à monter quelques chaises ?

- Hum ! Ces meubles sentent bon le pin, ils sortent de chez le fabricant ?

- Tout juste !

Une fois arrivés à destination ils firent ensemble le tour de l'appartement, et Antoine sut qu'il ne s'était pas trompé : son nouveau logement lui plaisait beaucoup.

Il occupa son week-end à monter ses meubles, à aménager son logement, à réceptionner son électroménager, et à aller fureter dans les magasins pour découvrir les habitudes des humains et trouver de jolis choses à acheter. Il s'y amusa beaucoup en découvrant les soldes des décorations de Noël, car si certaines étaient ressemblantes, d'autres étaient vraiment à côté de la plaque. Certains clients, étonnés, l'entendirent même s'esclaffer :

- Pfff ! Le Père-Noël ne ressemble pas à ça ! Mais qu'est-ce qu'ils ont été inventer ?! N'importe quoi !

Ils le prirent pour un original, car qui pouvait prétendre avoir déjà vu le Père-Noël ?

Il découvrit sa nouvelle école le lundi suivant. Quand il se gara devant le portail, ses collègues l'attendaient déjà à l'intérieur, regroupés dans le hall derrière les portes vitrées.

- Ah tiens, ça ne serait pas lui, le nouveau ?
- Ça se peut, il a un monospace, c'est bien la taille qu'il faut pour stocker du matériel scolaire !
- Quelle drôle de couleur, c'est quoi ? *Jaune-fluo* ?
- Ah moi j'aurais plutôt dit *vert-fluo*…
- Pour le moins, c'est original…
- Chut, taisez-vous, il va vous entendre…
- Oh, je pense que nous ne sommes pas les premiers à nous poser la question…

Antoine se présenta enfin à la porte de l'école, radieux, et fit la connaissance de ses nouveaux collègues, puis de sa directrice qui lui fit découvrir l'école ainsi que sa classe. Surexcité, Antoine avait la plus grande peine du monde à se discipliner, et même, en découvrant la salle où il allait passer le plus clair de son temps, il dut se retenir pour ne pas pousser des cris de joie, tant il était enthousiaste. On n'aurait pas dit qu'il était dans une école, mais dans un parc d'attractions. La directrice le regarda bien d'un air surpris, un sourire aux lèvres, mais elle ne fit aucun commentaire.

Ils se retrouvèrent tous dans la salle de réunion pour un conseil d'école. Comme il l'avait prévu, l'équipe était sympathique et motivée, et il s'y sentit aussitôt à l'aise. Et les collègues s'amusèrent beaucoup en découvrant le caractère enjoué de leur nouveau confrère, mais ils ne s'en plaignirent pas. Ils préféraient quelqu'un d'un peu trop enthousiaste que blasé. Une fois de retour chez lui, galvanisé par ce début prometteur, Antoine consacra le reste de son temps à préparer les leçons et les exercices.

Enfin, le jour tant attendu de la rentrée arriva. Antoine trépignait sur place, dans l'attente de ses nouveaux élèves. Il faut dire que depuis deux ou trois semaines qu'il avait quitté son pays, les lutins lui manquaient…

Lorsque la cloche sonna, les enfants se rassemblèrent devant la porte de la classe, l'air à la fois curieux et craintifs. Il faut dire que pour eux, non seulement c'était la rentrée après les vacances de février, mais ils devaient aussi découvrir ce nouveau maître que personne ne connaissait, et qu'ils redoutaient un peu. Sans compter qu'ils allaient devoir se passer de leur maîtresse qu'ils aimaient tant, même s'ils comprenaient bien qu'elle devait s'occuper de son bébé. D'ailleurs, ils avaient hâte de le voir, ce bébé...

Antoine les accueillit avec toute la bonne humeur dont il était capable, un sourire radieux aux lèvres.

- Bonjour les enfants ! Je suis tellement content de vous voir ! Je suis sûr qu'on va bien s'amuser, tous ensemble, hein, qu'est-ce que vous en pensez ?

Les enfants furent bien surpris d'entendre leur nouveau maître leur parler de s'amuser en classe, mais ils ne répondirent rien. Certains osèrent quand même lui adresser un sourire, parce qu'il avait l'air gentil. Il reprit.

- Nous allons découvrir ça ensemble. Allez, on y va les lutins ! Euh... les enfants !

Plusieurs pouffèrent dans les rangs en s'entendant qualifiés de lutins et se dirent qu'effectivement, ce maître était plutôt rigolo.

Dès ce jour, et pour le reste de l'année, ils continuèrent à apprendre l'histoire, la géographie, les mathématiques et le français, comme dans n'importe quelle classe, mais en guise d'exercice, ils devaient calculer combien de briques de Lego il fallait pour constituer un château fort, de quelle longueur de papier cadeau on avait besoin pour envelopper un paquet, où au-dessus de quelles villes devait passer le traîneau du Père-Noël pour arriver jusqu'à chez eux. Et les enfants eurent la confirmation qu'on pouvait vraiment s'amuser en classe. Et leur maître eut la confirmation qu'il était vraiment fait pour ce métier.

La jeune maîtresse ayant choisi de s'occuper de son bébé, Antoine put rester à ce poste et mettre en place tous les projets qu'il avait en tête. Pour le plus grand bonheur de ses élèves, il organisa plusieurs opérations pour financer le grand voyage de fin d'année. Vente de sapins provenant d'un lointain et mystérieux pays nordique, emballage de cadeaux de Noël dans les centres commerciaux, distribution de boissons chaudes parfumées aux épices, toutes les idées furent bienvenues pour rassembler les enfants autour de ce grand projet commun, les rendre acteurs de leur ambition, et leur donner la fierté et la satisfaction de parvenir eux-mêmes à la réalisation de leur but.

Depuis, Antoine poursuit son fabuleux destin, en exerçant avec bonheur son métier d'enseignant. Il a pu découvrir, stupéfait mais ravi, que ses collègues étaient de la même trempe que lui, dotés du même enthousiasme et de la même énergie, et qu'ils n'étaient pas les derniers pour se lancer dans des projets tout aussi démesurés que les siens. A tel point qu'il se demande parfois s'ils ne viennent pas eux aussi du Pays des lutins, à moins qu'ils ne viennent carrément d'un autre monde…

Ensemble, ils apprennent aux enfants, dans la joie et la bonne humeur, la lecture, le calcul, l'histoire et la géographie, ainsi que la discipline et le respect. Jour après jour, les enfants découvrent un peu plus qui ils sont et quels sont leurs talents, car jour après jour, leurs maîtres et leurs maîtresses les accueillent avec bonne humeur, gentillesse et bienveillance.

Et ça, c'est le plus beau cadeau que l'on puisse faire à un enfant.

Toute ressemblance avec un ou des personnages existants réellement,
ne serait pas tout à fait une coïncidence... 🙂

DU MEME AUTEUR

EN LITTERATURE ENFANTINE :
"Un nouveau départ"

La vie n'est pas facile pour Lucas, ces temps-ci. Non seulement il a dû déménager, quitter sa maison, son école, ses copains, ses grands-parents, mais en plus son meilleur ami, Caramel, son Golden Retriever, est mort juste avant le déménagement. Depuis, Lucas est inconsolable. Il ne s'intéresse à rien ni à personne, n'écoute pas en classe, ne se fait aucun nouveau copain. Mais c'était sans compter que, parfois, on tombe sur des gens drôlement sympas...

Une histoire courte sur les coups durs de la vie et sur les opportunités de les dépasser. Un récit à la fois sérieux et sympathique, qui montre aux enfants que, même après des moments difficiles, on peut encore retrouver le sourire.

DU MEME AUTEUR

EN LITTERATURE POUR ADULTES :
"Ce jour où tu l'as tué"

A PARAITRE :
"Pour un peu moins de solitude"
"Dans le miroir de ses yeux"

Pour tout contact et renseignement :

carolenatalie@gmx.fr
Page Facebook : @carolenatalieauteur
http://www.carolenatalie.sitew.fr/#Accueil.A